utb 4553

Eine Arbeitsgemeinschaft der Verlage

Böhlau Verlag · Wien · Köln · Weimar
Verlag Barbara Budrich · Opladen · Toronto
facultas · Wien
Wilhelm Fink · Paderborn
A. Francke Verlag · Tübingen
Haupt Verlag · Bern
Verlag Julius Klinkhardt · Bad Heilbrunn
Mohr Siebeck · Tübingen
Nomos Verlagsgesellschaft · Baden-Baden
Ernst Reinhardt Verlag · München · Basel
Ferdinand Schöningh · Paderborn
Eugen Ulmer Verlag · Stuttgart
UVK Verlagsgesellschaft · Konstanz, mit UVK/Lucius · München
Vandenhoeck & Ruprecht · Göttingen · Bristol
Waxmann · Münster · New York

Weitere Brückenkurse:

Außenwirtschaft
Betriebswirtschaftslehre
Bilanzierung
Controlling
Finanzierung
Informatik
Kosten- und Leistungsrechnung
Makroökonomik
Marketing
Mikroökonomik
Personalwirtschaft
Projektmanagement
Statistik für Wirtschaftswissenschaften
Wissenschaftliches Arbeiten

Mehr Themen und Informationen finden Sie unter
utb-shop.de

Marcus Deininger / Thomas Kessel

Brückenkurs Java

Was Sie vor Vorlesungsbeginn wissen sollten

UVK Verlagsgesellschaft mbH · Konstanz
mit UVK/Lucius · München

Autorenangaben
Prof. Dr. Marcus Deininger ist Professor für Informatik an der Hochschule für Technik Stuttgart mit dem Schwerpunkt Software Engineering. **Prof. Dr. Thomas Kessel** lehrt Wirtschaftsinformatik an der Dualen Hochschule Baden-Württemberg in Stuttgart.

Lösungen der Verständnisfragen finden Sie online unter www.uvk-lucius.de/brueckenkurse.

Die Deutsche Bibliothek – CIP Einheitsaufnahme
Die Deutsche Nationalbibliothek verzeichnet diese Publikation in der Deutschen Nationalbibliographie; detaillierte bibliographische Daten sind im Internet über <http://dnb.ddb.de> abrufbar.

Lektorat: Dr. Jürgen Schechler
Gestaltung: Claudia Rupp, Stuttgart
Illustrationen: © dragonstock – fotolia.com
Einbandgestaltung: Atelier Reichert, Stuttgart
Druck und Bindung: Memminger MedienCentrum, Memmingen

UVK Verlagsgesellschaft mbH
Schützenstraße 24 · 78462 Konstanz
Tel. 07531-9053-0 · Fax 07531-9053-98
www.uvk.de

UTB-Band-Nr.: 4553
ISBN 978-3-8252-4553-5

Inhalt

1 Einführung

Java ist eine typisierte, **objektorientierte Programmiersprache**, die von einem Compiler in den sogenannten Java-Byte-Code übersetzt wird. Der Java-Byte-Code wird durch eine virtuelle Maschine („JVM") interpretiert.

Dieses Vorgehen erlaubt, dass ein Java-Programm überall dort laufen (und zu den gleichen Ergebnissen kommen) kann, wo eine **virtuelle Maschine** installiert ist.

Java besitzt eine umfangreiche **Klassenbibliothek**, die Teil der Sprache ist und regelmäßig erweitert wird.

Es gibt **3 Ausgaben von Java**, die unterschiedliche Ziele verfolgen und sich im Wesentlichen durch die Klassenbibliotheken unterscheiden:

- **Java Standard Edition (JSE):** orientiert sich am PC und bietet grundlegende Funktionalitäten (inkl. Benutzeroberfläche, Datenbank) an.
- **Java Enterprise Edition (JEE):** ausgelegt für die Entwicklung unternehmenskritischer Anwendungen, es basiert auf der JSE und erweitert diese um weitere Technologien z. B. für verteilte Komponenten, Internet-Programmierung. JSE und JEE nutzen dieselbe JVM.
- **Java Micro Edition (JME):** entworfen für den Einsatz in mobilen und eingebetteten Systemen – die JME nutzt eine andere JVM, die nicht mit der von JSE kompatibel ist.

Java gehört der Firma Oracle. Das Java Development Kit (JDK), das den Java-Compiler und die virtuelle Maschine enthält, kann für alle üblichen Plattformen kostenlos unter www.oracle.com/java heruntergeladen und genutzt werden.

Notation

Die folgenden Abschnitte stellen die wesentlichen Konzepte und die dazugehörige **Syntax** der Programmiersprache Java zusammen.

Zur Beschreibung der Syntax wird die folgende **Notation** genutzt:

- Programmcode wird in der Schriftart `Courier` dargestellt.
- Schlüsselwörter werden **`fett`** dargestellt.
- Platzhalter für konkrete Namen, Schlüsselwörter oder Codeteile werden *`kursiv`* dargestellt.
- Mehrfache Wiederholungen werden durch einen Stern am Ende `*` dargestellt.
- Optionen werden durch eckige Klammern dargestellt `[]`.
- Alternativen werden durch einen Strich abgetrennt |.
- Analoge Fortsetzungen werden durch ... dargestellt.

Aufbau, Übersetzung und Ausführung eines Java-Programms

> Das zentrale Element von Java ist die Klasse.

Eine Klasse hat die Form **`public class`** *`Klassenname`* { *`Anweisungen`* } und muss in einer Datei gleichen Namens mit der Endung java abgelegt sein. Die Methode, mit der ein

Java-Programm gestartet wird, ist die Methode namens `main`, die immer die Form `public static void main(String[] args)` haben muss.

> Ein **einfaches Java-Programm**, das einen Text am Bildschirm ausgibt, hat die Form:
>
> ```
> public class Hello{
>  public static void main(String[] args){
>  System.out.println("Hello World");
>  }
> }
> ```
>
> Das Programm wird mit dem Befehl `javac Hello.java` in die Datei `Hello.class` übersetzt und mit dem Befehl `java Hello` ausgeführt. Als Resultat erscheint die Ausgabe `Hello World` am Bildschirm.

Verständnisfragen

Haben Sie alles verstanden? Mit den folgenden Fragen können Sie das Gelernte schnell prüfen:

1. Welche Versionen von Java gibt es?

- ☐ Java Super Edition (JSE)
- ☐ Java Standard Edition (JSE)
- ☐ Java Community Edition (JCE)
- ☐ Java Company Edition (JCE)
- ☐ Java Enterprise Edition (JEE)

2. Was gehört alles zu Java?

- ☐ Javas Virtuelle Maschine (JVM)
- ☐ Java Development Kit (JDK)
- ☐ Java Tutorial Kit (JTK)
- ☐ Java Virtual Accelerator (JAVA)
- ☐ Java Deveopment Tools (JDT)

3. Was ist die ausführbare Definition einer Java-Klasse?

- ☐ `public class Klassenname { Anweisungen }`
- ☐ `class Klassenname { Anweisungen } ;`
- ☐ `class ; class Klassenname { Anweisungen }`
- ☐ `Klassenname class { Anweisungen }`
- ☐ `class { Anweisungen }`

4. Welche der folgenden Klassendefinitionen von Summe ist ausführbar?

- ☐ `public class Summe { int i=4; int j=5; int summe = i + j;}`
- ☐ `Summe class { int i=4; int j=5; int summe = i + j;} ;`
- ☐ `public class Summe { }`
- ☐ `public class { }`

5. Unter welchem Dateinamen muss die Klasse Summe abgespeichert werden?

- ☐ Summe.class
- ☐ Summe.java
- ☐ Summe.exe
- ☐ Summe.txt
- ☐ Summe.source

6. Mit welchem Kommando wird die Quelltextdatei mit der Java-Klasse Summe übersetzt?

- ☐ java Summe.java
- ☐ java Summe.class
- ☐ javac Summe.class
- ☐ java Summe.java
- ☐ javac Summe.java

7. Wie lautet die Datei der übersetzten Java-Klasse Summe?

- ☐ Summe.java
- ☐ Summe
- ☐ Summe.exe
- ☐ Summe.binary
- ☐ Summe.class

8. Wie lautet die Eingabe um das übersetzte Java-Programm Summe auszuführen?

- ☐ Summe
- ☐ java Summe.class
- ☐ java Summe
- ☐ javac Summe.class
- ☐ run Summe

9. Wie heißt der Code in den das Java-Programm durch den Compiler übersetzt wird?

- ☐ Quellcode
- ☐ Javacode
- ☐ Java-Byte-Code
- ☐ Ausführbarer Code
- ☐ Binary

10. Was sind die typischen Merkmale von Java?

- ☐ objektorientiert
- ☐ prozedural
- ☐ logisch
- ☐ plattformunabhängig
- ☐ typisiert

Die Lösungen finden Sie online unter www.uvk-lucius.de/brueckenkurse

2 Variablen und Datentypen

Datentypen beschreiben einen **Wertebereich und Operationen**, die auf den Daten des Wertebereichs ausgeführt werden können.

Java unterscheidet einfache (oder primitive) Typen und Referenztypen.

- Einfache Datentypen, z. B. **`int`**, **`double`**, sind durch die Programmiersprache vorgegeben.
- Referenztypen sind teilweise vorgegeben, ein Programmierer kann aber auch eigene Referenztypen über die Einführung von Klassen definieren und verwenden.

Einfache Datentypen

Einfache Datentypen haben einen fest vorgegebenen Speicherplatz. Sie sind in Java vordefiniert und können auch nicht ergänzt werden.

Es gibt die folgenden einfachen Typen:

Java-Typen	Datenart	Operationen	Anmerkung
`byte`, `short`, `int`, `long`	Ganze Zahlen	Mathematische Operationen: +, -, *, /, % (Divisionsrest), ...	Unterschiedliche Zahlenbereiche
`float`, `double`	Fließkommazahlen	Mathematische Operationen: +, -, *, /, ...	Unterschiedliche Genauigkeiten
`boolean`	Wahrheitswerte	Logische Operationen && (und), || (oder) ! (nicht)	Besitzt die beiden Werte `true` (wahr) oder `false` (falsch).

Java-Typen	Datenart	Operationen	Anmerkung
`char`	Zeichen	Mathematische Operationen, da Buchstaben intern als Zahlen codiert werden.	Hat den Umfang des Datentyps `short`

Die Datentypen sind in aufsteigender Reihenfolge (gemäß ihren Wertebereichen) wie folgt angeordnet:

`byte` → `short` → `int` → `long` → `float` → `double`

Dabei kann eine Variable eines Datentyps mit kleinem Wertebereich automatisch in einen Datentyp mit größerem Wertebereich konvertiert wer-den.

Das Umgekehrte gilt aber nicht, da hier ggf. Informationen verloren gehen würden.

Variablen können **Werte** eines Typs aufnehmen. Sie werden in der folgenden Form deklariert: *`Typ Variablenname;`* z. B. `int x;`

Variablen beginnen üblicherweise mit einem Kleinbuchstaben.

Variablen werden mittels des Zuweisungsoperators `=` mit einem Wert belegt. Eine **Zuweisung** hat die allgemeine Form *`Variablenname = Ausdruck;`*

Ein **Ausdruck** kann dabei

- ein einfacher Wert (z. B. `x = 10;`) oder
- ein arithmetischer Ausdruck
- oder logischer Ausdruck mit weiteren Variablen und Methodenaufrufen (z. B. `x = 5 + 10 * y;`) sein.

Variablen können bei der **Deklaration** bereits mit einem Ausdruck initialisiert werden, z. B. `int x = 10;`

Konstanten stellen eine besondere Kategorie von Variablen dar: Hier wird der Wert bei der ersten Zuweisung festgelegt und kann danach nicht mehr geändert werden. Dies wird durch die Präfix `final` bei der Deklaration angezeigt.

> Konstanten werden üblicherweise in Großbuchstaben gesetzt, z. B. `final int ANZAHL = 10;`

Referenztypen und Felder

Referenztypen zeichnen sich dadurch aus, dass Variablen dieser Typen nur eine Referenz auf den Wert haben, nicht aber den Wert selbst enthalten.

Referenztypen sind einerseits der vordefinierte Feldtyp „Array“ sowie alle in Java definierten Klassen. Mit neuen Klassen definiert ein Programmierer neue Referenztypen.

Felder sind ein Referenztyp, der syntaktisch besonders formuliert wird.

Felder umfassen eine Reihe von Elementen desselben Datentyps, auf die über einen evtl. mehrdimensionalen Index zugegriffen wird.

Beim Feld muss bei der **Deklaration** festgelegt werden,
- um welchen Datentypen,
- wie viele Dimensionen und
- um wie viele Elemente es sich hierbei handelt.

Die **syntaktische Deklaration** eines eindimensionalen Feldes erfolgt durch ein dem Typ nachgestelltes „`[]`“. Initialisiert wird das Feld mit dem Operator **`new`** und der Angabe der Größe in der Form *`Typ[] Variablenname = `***`new`***` Typ[Größe];`* z. B. `int[] f = new int[10];` Mehrdimensionale Felder haben entsprechend mehr Klammerpaare.

Auf die einzelnen Feldelemente kann über den **Index** zugegriffen werden. Indizes beginnen bei 0, so liefert z. B. `f[0]` das erste Element des Felds und `f[2]` das dritte Element. Die **Größe** eines Feldes kann mit dem Attribut length ermittelt werden, so liefert z. B. `f.length` den Wert 10.

?!! Verständnisfragen

Haben Sie alles verstanden? Mit den folgenden Fragen können Sie das Gelernte schnell prüfen:

1. Welche beiden Kategorien von Datentypen werden unterschieden?

☐ elementare und referenzierte Typen
☐ elementare und komplexe Typen
☐ einfache Typen und Referenztypen
☐ direkte und Referenztypen
☐ einfache und schwierige Typen

2. Welche der aufgeführten Datentypen werden in Java angeboten?

☐ `short`
☐ `integer`
☐ `complex`
☐ `long`
☐ `float`

3. Welche Aufgabe hat eine Variable?

- ☐ Speicherung eines Wertes
- ☐ Überprüfung des Wertes
- ☐ Flexibilität bei der Berechnung
- ☐ Anzeige des Wertes
- ☐ Löschung des Wertes

4. Wie erfolgt die Deklaration einer Variablen?

- ☐ `Variablenname;`
- ☐ `Variablenname Typ;`
- ☐ `Typ Variablenname;`
- ☐ `Typ: Variablenname;`
- ☐ `Typ; Variablenname;`

5. Welche der folgenden Variablendeklarationen und -zuweisungen ist korrekt?

- ☐ `i int ;`
- ☐ `int i,j;`
- ☐ `int i = 10;`
- ☐ `i int = 10;`
- ☐ `i: int = 10;`

6. Welche der folgenden Konvertierungen kann automatisch vorgenommen werden?

- ☐ `short` → `int`
- ☐ `double` → `byte`
- ☐ `long` → `double`
- ☐ `float` → `long`
- ☐ `int` → `float`

7. Welche der folgenden Ausdrucke ist gültig?

☐ `i = 10 * j++;`
☐ `i++;`
☐ `i = !(&a);`
☐ `i = a && b;`
☐ `+i`

8. Was ist eine Konstante?

☐ ein Wert
☐ der Name für eine besondere Variable
☐ eine Kategorie von Datentypen
☐ ein unveränderlicher Wert
☐ eine Zahl

9. Was wird bei der folgenden Deklaration eines Feldes alles festgelegt? `int [] feld = new int[4];`

☐ die Werte
☐ der Datentyp
☐ die Dimension
☐ die Anzahl der Elemente
☐ die Nutzung

10. Wie kann die Länge eines Feldes festgestellt werden?

☐ Bei der Deklaration des Feldes.
☐ Durch das Attribut length.
☐ Durch die Methode length().
☐ Gar nicht.

Die Lösungen finden Sie online unter www.uvk-lucius.de/brueckenkurse

3 Kontrollstrukturen

> Als Kontrollstrukturen bezeichnet man die Sprachelemente einer Programmiersprache, die den Ablauf eines Programms steuern.

Es gibt dabei im Wesentlichen **drei Kategorien** von Kontrollstrukturen in Java:

- Sequenz
- Auswahl: `if-else` oder `switch-case`
- Schleife (Wiederholung, Iteration): `for`, `while` oder `do-while`

Sequenz

> Eine Sequenz ist eine Gruppe von Anweisungen hinter- oder untereinander geschrieben.

Diese Anweisungen werden in dieser Reihenfolge auch ausgeführt. Sequenzen können mit geschweiften Klammern zu einem *Block* zusammengefasst werden. Z. B.

```
{
  System.out.println
   ("Dies ist eine Anweisung");
  System.out.println
   ("Dies ist eine weitere Anweisung");
}
```

Auswahl

Eine Auswahl kann durch zwei Konstrukte realisiert werden:

- zum einen die if-else-Verzweigung und
- zum anderen die switch-Anweisung.

Der syntaktische Aufbau der **if-Anweisung** sieht wie folgt aus:

```
if(Bedingung)
  Anweisung _ 1;
else
  Anweisung _ 2;
```

Bei der **if-else-Abfrage** wird geprüft, ob die angegebene Bedingung logisch wahr oder falsch ist. Ist die Bedingung wahr, wird die Anweisung 1 ausgeführt, ansonsten wird die Anweisung 2 ausgeführt. Die Anweisungen sind entweder eine einzelne Anweisung oder ein Block mit mehreren Anweisungen.

> Der else-Teil mit der zweiten Anweisung ist optional. In diesem Fall wird nur die erste Anweisung ausgeführt, wenn die Bedingung wahr ist.

Die Syntax der **switch-case-Abfrage** ist:

```
switch(Ausdruck){
  case Alternative _ 1: Anweisungen _ 11;
    Anweisungen _ 12;...;
  case Alternative _ 2: Anweisungen _ 21;
    Anweisungen _ 22;...;
  ...
  default: Anweisungen;
}
```

Die Alternativen des Ausdrucks in switch dürfen lediglich konstante Werte vom Typ

- **char**,
- **byte**,
- **short**, und
- **int**
- (sowie vom Typ String seit Java 7)

sein.

> Die Anweisungen eines case sollten mit **break;** beendet werden, da ansonsten die nachfolgenden Anweisungsblöcke ebenfalls ausgeführt werden. Der default-Zweig wird ausgeführt, wenn keine der vorherigen Alternativen ausgeführt wird.

Schleifen

Bei den Schleifen (Wiederholungen, Iterationen) gibt es 3 Typen:

- for
- while
- do-while

Die **for-Schleife** erlaubt es, die Schleifenparameter, die Abbruchbedingung und Änderung direkt zu definieren.

Der prinzipielle Aufbau sieht wie folgt aus:

```
for(Initialisierung; Bedingung; Update)
  Anweisung
```

Im ersten Teil wird üblicherweise die Schleifenkontrollvariable deklariert und initialisiert und anschließend wird diese auf eine Bedingung hin getestet.

- Im positiven Fall werden die Anweisungen des Schleifenrumpfs und ein Update der Schleifenkontrollvariable (typischerweise Erhöhung oder Reduzierung um 1) ausgeführt.
- Im negativen Fall wird die Schleife verlassen. Die Anweisung ist entweder eine einzelne Anweisung oder ein Block mit Anweisungen.

Beispiel für eine for-Schleife:

`for (int i = 1; i < 5; i++)`	■ Der Schleifenzähler i wird deklariert und mit dem Wert 1 belegt. ■ Die Schleife wird fortgeführt, solange i < 5 gilt, ansonsten wird die Schleife gestoppt und verlassen. ■ Im positiven Fall wird der Schleifenzähler (bei jedem Durchgang) jeweils um eins erhöht.
`System.out.println ("Durchlauf: " + i);`	■ Ausgabe des Texts, inklusive des Werts des Schleifenzählers

Eine typische Anwendung der for-Schleife ist die Durchwanderung eines Felds, z. B. eines Felds f:

```
for(int i = 0; i < f.length; i++)
  System.out.println((i + 1) +
    " Element: " + f[i]);
```

Die **while-Schleife** und die **do-Schleife** bietet im Gegensatz zur for-Schleife nur die Möglichkeit, die Abbruchbedingung zu prüfen.

Evtl. Schleifenparameter und deren Änderung muss ein Programmierer an anderer Stelle (vor der Schleife und im Rumpf) vorsehen.

Der prinzipielle Aufbau der while-Schleife sieht folgendermaßen aus:

```
while(Bedingung)
  Anweisung
```

Analog zur for-Schleife testet die while-Schleife zuerst, ob die Bedingung erfüllt ist, und erst danach werden die Anweisung(en) des Schleifenrumpfs ausgeführt.

Beispiel für eine while-Schleife:

`int i = 1;`	Der Schleifenzähler i wird deklariert und mit dem Wert 1 belegt.
`while (i < 5){`	Es wird geprüft, ob die Schleifenbedingung (noch) erfüllt ist.

`System.out.println`
`("Durchlauf: " + i);`
 	
`i++`
`}`
	Ausgabe des Texts, inklusive des Werts des Schleifenzählers.
	Hochzählen des Schleifenzählers.

Im Gegensatz zu den vorhergehenden Schleifen, testet die do-while-Schleife erst am Ende, ob die Bedingung zum weiteren Durchlauf der Schleife noch erfüllt ist. Sie ist syntaktisch wie folgt strukturiert:

```
do
 Anweisung
while(Bedingung)
```

Die do-while-Schleife wird mindestens einmal ausgeführt, der Rumpf der while-Schleife wird ggfs. gar nicht ausgeführt.

Beispiel für eine do-while-Schleife:

`int i = 1;`	Der Schleifenzähler i wird deklariert und mit dem Wert 0 belegt.
`do{`	Beginn der Schleife
`System.out.println ("Durchlauf: " + i);` `i++;`	Ausgabe des Texts, inklusive des Werts des Schleifenzählers. Hochzählen des Schleifenzählers.
`}while(i< 5);`	Es wird geprüft, ob die Schleifenbedingung (noch) erfüllt ist.

?!! Verständnisfragen

Haben Sie alles verstanden? Mit den folgenden Fragen können Sie das Gelernte schnell prüfen:

1. Was ist eine Sequenz?

- ☐ eine einzelne Anweisung
- ☐ arithmetische Anweisungen, die inhaltlich zusammengehören
- ☐ eine Abfolge von Anweisungen
- ☐ eine Verzweigung des Programmflusses
- ☐ eine Schleife

2. Welche der folgenden Konstrukte setzt eine Auswahl um?

- ☐ `if-then-else`
- ☐ `if-else`
- ☐ `case`
- ☐ `switch`
- ☐ `switch-case`

3. Welche Schleifen sind in Java vorhanden?

- ☐ `repeat-until`
- ☐ `for`
- ☐ `while`
- ☐ `while-do`
- ☐ `do-while`

4. Welches der folgenden Code-Beispiele stellt eine ausführbare Sequenz dar?

- ☐ `i = 10; j++; k = 20;`
- ☐ `i = 10; if (i < j) { j++; }`
- ☐ `for(int i=1; i++);`
- ☐ `{ i = 10; j++; k = 20;}`
- ☐ `i++; ; ++j;`

5. Welcher der folgenden Ausdrücke zur Auswahl ist korrekt?

- ☐ `if (true) { i = 1; }`
- ☐ `if (true) then { i = 1; }`
- ☐ `if (i < j) i = 1;`
- ☐ `if (i < j) then { i = 1; }`
- ☐ `if (i < j) { i = 1; } else { i=2; }`

6. Welcher der folgenden for-Schleifenausdrücke ist ausführbar?

- ☐ `for(;;);`
- ☐ `for(int i=1; i++);`
- ☐ `for(i = 1; i++; );`
- ☐ `for(i=1; true;) { j++;};`

7. Welcher while-Schleifenausdruck ist korrekt?

☐ `while (i > 0) {i++;}`
☐ `while (i > 0) i++;`
☐ `while (true) i++;`
☐ `while (i++) {j++;}`

8. Welcher der folgenden for-Schleifenausdrücke führt zu einer Endlosschleife?

☐ `for(;true;);`
☐ `for(int i=-1; true; );`
☐ `for(int i=-1; i <0; i++);`
☐ `for(int i=1; i >0; i--);`
☐ `for(int i=-1; i >0; i--);`

9. Weche drei Arten von Kontrollstrukturen gibt es?

☐ Sequenz
☐ Addition
☐ Auswahl
☐ Schleife
☐ Subtraktion

10. Was bedeutet das Update in der for-Scheife?

☐ Eine Änderung der Scheifenkontrollvariable.
☐ Abbruch der Schleife.
☐ Eine Auswertung der Bedingung.
☐ Eine Aktualisierung aller Variablen.

Die Lösungen finden Sie online unter www.uvk-lucius.de/brueckenkurse

4 Methoden

Grundlagen

Methoden werden in der Form definiert: *`Modifier*`* (*`Rückgabetyp`* | **`void`**) *`Methodenname`* (*`Parameterliste`*){ *`Methodenkörper`* }

Methoden fassen Anweisungen unter einem *symbolischen Methodennamen* zusammen. Die Methode kann unter diesem Namen aufgerufen werden und führt dann die enthaltenen Anweisungen aus.

Methoden können Werte durch *Parameter* übergeben bekommen.

- *Formale Parameter* sind symbolische Namen, die zur Deklaration der Methode genutzt werden.
- *Aktuelle Parameter* sind die tatsächlichen Werte, die während der Ausführung genutzt werden.

Die **formalen Parameter** werden in der Parameterliste zusammen mit ihrem Typ in der Form `Parametertyp Parameter,` ... deklariert. Die Parameterliste kann auch leer sein. Aktuelle Parameter werden in der Reihenfolge der Deklaration an die formalen Parameter gebunden.

Der `Methodenkörper` ist eine Sequenz von Java-Anweisungen.

Methoden können einen `Rückgabetyp` besitzen. In diesem Fall muss die Methode einen Wert vom entsprechenden Typ zurückgeben. Dem **Rückgabewert** wird das Schlüsselwort

`return` vorangestellt. Mit **`return`** wird die Ausführung der Methode beendet und die Kontrolle an den aufrufenden Programmteil zurückgegeben.

Gibt die Methode kein Ergebnis zurück, hat sie den Rückgabetyp **`void`**. In diesem Fall ist auch **`return`** ohne Rückgabewert möglich.

`Modifier` legen die Sichtbarkeit / Gültigkeit der Methode fest (→ Sichtbarkeit / Gültigkeit).
Methoden können sich selbst aufrufen – in diesem Fall spricht man von *Rekursion*.

Beispiel: Die folgende Methode schneidet Zahlen oberhalb von 7 ab:

	Die Methode
`float hoehenFilter(float x){`	■ hat keine `Modifier` (und hat damit `default`-Sichtbarkeit, → Sichtbarkeit / Gültigkeit) ■ hat den Rückgabetyp **`float`** ■ hat den Namen `hoehen-Filter` ■ hat einen formalen Parameter `x` vom Typ **`float`**
`if(x > 7.0f) return 7.0f; else return x; }`	■ gibt per **`return`** `7` oder `x` (falls `x` größer als `7` war) zurück

Beispiel: Aufruf der Methode in einem anderen Programmteil:

	Der Aufruf
`System.out.prinln(hoehenFilter(8));`	■ bindet den aktuellen Parameter `8` an den formalen Parameter `x` ■ gibt das Ergebnis `7.0f` zurück.

Signatur und überladen

Als *Signatur* einer Methode werden der Name und die Parametertypen (in der Reihenfolge der Deklaration) bezeichnet. Modifier, Ergebnistyp und Parameternamen gehören nicht zur Signatur. Innerhalb einer Klasse (→ Sichtbarkeit / Gültigkeit) dürfen nur Methoden unterschiedlicher Signatur vorkommen.

Die Signatur der Methode `hoehenFilter` ist `hoehenFilter(float)`.
Eine Klasse kann mehrere Methoden mit gleichem Namen und unterschiedlichen Parametertypen besitzen – die Methode ist in diesem Fall *überladen*.

Verständnisfragen

Haben Sie alles verstanden? Mit den folgenden Fragen können Sie das Gelernte schnell prüfen:

1. Was ist eine Methode?

☐ eine Reihe von Anweisungen
☐ eine Zusammenfassung von Anweisungen unter einem Methodennamen
☐ eine Anweisung die auf eine andere folgt

2. Welches Element gehört nicht zur Definition einer Methode?

☐ Rückgabetyp
☐ Methodenname
☐ Methodenaufruf
☐ Parameternamen
☐ Parametertypen

3. Was ist als Rückgabetyp zu deklarieren, wenn die Methode keinen Rückgabewert liefert?

☐ `null`
☐ `default`
☐ `nothing`
☐ `void`
☐ `Object`

4. Aus welchen Elementen setzt sich die Signatur der Methode zusammen?

☐ Modifier
☐ Methodenname
☐ Rückgabetyp
☐ Parametertypen
☐ Parameternamen

5. Gegeben ist der folgende Programmausschnitt

```
public int summe(int a, int b){
 return a + b;
}
public static void main(String[] args){
 int c = summe(2, 3);
}
```

Welche der folgenden Aussagen ist richtig?

☐ a ist ein formaler Parameter der Methode summe
☐ a ist ein aktueller Parameter der Methode summe
☐ 2 ist ein formaler Parameter der Methode summe
☐ 2 ist ein aktueller Parameter der Methode summe
☐ c ist ein formaler Parameter der Methode main

6. Gegeben ist die folgende Methode

```
public int summe(int n){
 if(n == 0)
  return 0;
 else
  return summe(n-1) + n;
}
```

Welche der folgenden Aussagen ist richtig?

- ☐ summe ist eine iterative Methode
- ☐ summe liefert ein Resultat für Werte < 0
- ☐ summe ist eine rekursive Methode
- ☐ summe ist nicht lauffähig
- ☐ summe liefert die Summe von 0 bis n

7. Welches Verhalten hat das return in einer Methode?

- ☐ Es gibt ein Ergebnis am Bildschirm aus.
- ☐ Es gibt ein Ergebnis zurück.
- ☐ Es beendet die Abarbeitung der Methode.
- ☐ Es beendet die Abarbeitung des Programms.
- ☐ Es wiederholt die Abarbeitung der Methode.

8. Was regelt der Zugriffsmodifier?

- ☐ Die Geschwindigkeit der Methode.
- ☐ Die Zugriffszeit auf die Methode.
- ☐ Die Sichtbarkeit einer Methode
- ☐ Den Speicherbedarf einer Methode.
- ☐ Von welcher Stelle die Methode ausgeführt werden kann.

9. Gegeben ist die folgende Methode

```
public int summe(int a, int b){
 return a + b;
}
```

Welches ist die Signatur der Methode?

- ☐ `public int summe(int a, int b)`
- ☐ `int summe(int a, int b)`
- ☐ `summe(int a, int b)`
- ☐ `int summe(int, int)`
- ☐ `summe(int, int)`

10. Welche der folgenden Aussagen sind richtig?

- ☐ Statische Methoden sind der Klasse zugeordnet.
- ☐ Rekursive Methoden müssen immer public sein.
- ☐ Abstrakte Methoden haben keinen Methodenkörper.
- ☐ Private Methoden dürfen keine formalen Parameter besitzen.
- ☐ Finale Methoden können nur einmal ausgeführt werden.

Die Lösungen finden Sie online unter www.uvk-lucius.de/brueckenkurse

5 Sichtbarkeit / Gültigkeit

Ein Programmsystem wird in Teile oder *Komponenten* zerlegt, um diese Komponenten möglichst unabhängig behandeln zu können. In dieser Situation bekommt das Thema „Sichtbarkeit / Gültigkeit" eine zentrale Rolle.

Komponenten in Java sind Methoden, Klassen und Pakete.

- *Klassen*: Klassen sind die zentrale Komponente in Java (und allen objektorientierten Sprachen). Eine Klasse besteht aus Variablen und Methoden und ggfs. weiteren inneren Klassen.
- Klassen werden in der Form definiert: *`Modifier*`* **`class`** *`Klassename`* { *`Klassenkörper`* } Klassennamen beginnen üblicherweise mit einem Großbuchstaben
- *Methoden* (→ Methoden): die kleinste Einheit, in die ein Programm zerlegt werden kann. Methoden müssen innerhalb einer Klasse definiert werden. Methodennamen beginnen üblicherweise mit einem Kleinbuchstaben.
- *Pakete*: Pakete enthalten Klassen und ggfs. weitere Pakete.
- Klassen werden mit dem Schlüsselwort **`package`** einem Paket zugeordnet. Dies geschieht in der Form: **`package`** *`Paketname`*`.(`*`Paketname`*`)*;` am Anfang einer Klassendeklaration,

z. B.

package aussen.innen;	Dabei ist `aussen` das äußere Paket, das das Paket `innen` enthält, das wiederum die `Klasse` enthält.

public class Klasse{
...
}	

Pakete können ein- oder mehrstufig sein. Eine Klasse kann immer nur einem Paket zugeordnet sein.

Pakete werden auf *Betriebssystemebene* als Verzeichnisse umgesetzt – der Paketname muss dabei genau dem Verzeichnisnamen entsprechen. Paketnamen sind üblicherweise in Kleinbuchstaben. Enthält ein Paket ein anderes Paket, so ist es auch im entsprechenden Verzeichnis. Enthält ein Paket eine Klasse, so ist die Klasse auch im entsprechenden Verzeichnis des Pakets.

Das Geheimnisprinzip und Modifier

Das zentrale Prinzip, um die Unabhängigkeit zwischen Komponenten zu erreichen, ist das **Geheimnisprinzip** („Information Hiding"), das auf David Parnas (1974) zurückgeht.

Dieses Prinzip bezieht sich im Wesentlichen auf die Zerlegung in

- Klassen und
- Pakete.

Die **zentralen Ideen** sind,

- dass Komponenten nur die Informationen, die tatsächlich nötig sind, zur Verfügung stellen – alle übrigen Informationen werden verborgen
- und dass auf diese Informationen von außerhalb nur über Methoden zugegriffen werden darf – der direkte Zugriff auf Variablen von außerhalb ist verboten.

Java kontrolliert den Zugriff (und realisiert damit das Geheimnisprinzip) mit Hilfe der *Modifier*

- **`public`**,
- **`private`**,
- **`protected`** und
- *`default`*.

> *`default`* ist kein eigenes Schlüsselwort, sondern ist dann festgelegt, wenn keines der anderen drei Schlüsselwörter verwendet wird.

Diese Modifier können auf Variablen, Methoden oder (eingeschränkt) auf Klassen angewandt werden.

Eine Variable x oder eine Methode m einer Klasse
`public class A {`
` Modifier EinTyp x;`
` Modifier void m(...){`
`        ...`
` }`
`}`
kann verwendet werden von ...
	`public`	**`protected`**	–
			`(default)`
				`private`

der Klasse A selbst	ja	ja	ja	ja
einer Klasse *B* im gleichen Paket	ja	ja	ja	nein
einer Unterklasse von *A* in einem anderen Paket	ja	ja	nein	nein
einer Klasse *B* in einem anderen Paket; wobei B keine Unterklasse von A sein muss	ja	nein	nein	nein

<table>
<tr><th>Die Klasse
Modifier **class** A
kann verwendet werden von ...</th><th>public</th><th>protected</th><th>–
(default)</th><th>private</th></tr>
<tr><td>einer Klasse *B* im gleichen Paket</td><td>ja</td><td rowspan="2">nur für innere Klassen verwendbar</td><td>ja</td><td rowspan="2">nur für innere Klassen verwendbar</td></tr>
<tr><td>einer Klasse *B* in einem anderen Paket</td><td>ja</td><td>nein</td></tr>
</table>

Hinweise:

- Üblicherweise sollten Variablen immer **`private`** sein.
- Methoden können je nach Verwendung **`private`** (Hilfsmethoden), **`public`** (öffentliche Methoden) oder **`protected`** (auf Pakete oder Unterklassen beschränkte Methoden) sein.
- *`default`* wird eher selten eingesetzt.

Qualifikation und Import

Elemente aus anderen Klassen können nicht direkt verwendet werden – sie müssen über eine Qualifikation identifiziert werden.

Eine **Qualifikation** besteht aus

- den Paketnamen,
- dem Klassennamen und schließlich
- dem Elementnamen,

jeweils getrennt durch einen Punkt, also:

(*Paketname.*)**Klassenname.Elementname*

Die Qualifikation kann durch einen **Import** ersetzt werden – in diesem Fall werden zu Beginn der Klasse (nach der

Paketdeklaration) durch den Import die Klassen angegeben, von denen Elemente verwendet werden sollen. In diesem Fall kann die Qualifikation durch die Paketnamen weg gelassen werden, also: `import (Paketname.)*Klassenname;`

Gültige und sichtbare Elemente

Informationen, die von einer Komponente verwendet werden können, bezeichnet man als (für diese Komponente) *gültig*. Wenn Sie darüber hinaus direkt (d. h. ohne Qualifikation) verwendet werden können, bezeichnet man sie als *sichtbar*.

Eine Besonderheit stellen **überdeckte Elemente** dar:

Das sind Elemente, die denselben Namen haben z. B. eine Variable in einer Klasse und in einer Methode (z. B. ein Parameter). In diesem Fall ist in der Methode der Parameter sichtbar, die Variable der Klasse ist aber für die Methode nur gültig, aber nicht sichtbar.

Um auf diese Variable zuzugreifen, muss sie über den Klassennamen (bei statischen Elementen, → Objektorientierung) oder **this** (bei Instanzelementen, → Objektorientierung) qualifiziert werden.

Im folgenden **Beispiel** wird die Variable n durch den Parameter n in der Methode m überdeckt. Die Methode qualifiziert die Variable der Klasse durch `this.n`.

```
public class A{
  private int n;
  public int m(int n){
    this.n = n;
  }
}
```

?!! Verständnisfragen

Haben Sie alles verstanden? Mit den folgenden Fragen können Sie das Gelernte schnell prüfen:

1. Aus welchen Elementen besteht eine Klasse?

- ☐ Variablen
- ☐ Methoden
- ☐ Objekten
- ☐ Paketen

2. Was ist das Java-Schlüsselwort für ein Paket?

- ☐ `paket`
- ☐ `box`
- ☐ `package`
- ☐ `pack`

3. Was ist das Geheimnisprinzip?

- ☐ Alle Informationen werden vor externen Zugriffen versteckt.
- ☐ Nur die benötigten Informationen werden sichtbar gemacht.
- ☐ Der externe Zugriff erfolgt einfach durch die Variablen.
- ☐ Der externe Zugriff ist in Form spezieller Methoden implementiert.

4. Welches der folgenden Schlüsselwörter bezeichnet keinen Modifier?

- ☐ `public`
- ☐ `protected`
- ☐ `private`
- ☐ `secure`
- ☐ `closed`

5. Was wird für den Import von Java-Klassen, der sog. Qualifikation, benötigt?

☐ Verzeichnispfad
☐ Paketnamen
☐ Klassennamen
☐ Methodennamen
☐ Variablennamen

6. Gegeben ist die folgende Klasse

```
public class K{
 private int n;
 public void m(int n){
  System.out.println(n);
 }
}
```

Welche der folgenden Aussagen ist richtig?

☐ Die Instanzvariable n ist in der Methode m sichtbar.
☐ Die Instanzvariable n ist in der Methode m gültig.
☐ Die doppelte Verwendung von Variablennamen führt zu einem Fehler.
☐ Die Instanzvariable n ist in der Methode m nicht erreichbar.
☐ Die Instanzvariable n ist in der Methode m überdeckt.

7. Welchen Effekt hat der private-Modifier bei einer Variablen?

☐ Die Variable ist nur innerhalb der Methode sichtbar.
☐ Die Variable ist nur innerhalb des Pakets sichtbar.
☐ Die Variable ist nur innerhalb der Klasse sichtbar.
☐ Die Variable kann nicht verändert werden.
☐ Die Variable verschlüsselt die gespeicherten Daten.

8. Welchen Effekt hat der public-Modifier bei einer Methode?

☐ Die Methode kann nur public-Variablen bearbeiten.
☐ Die Methode kann von überall aufgerufen werden.
☐ Die Methode kann nur von außerhalb der Klasse aufgerufen werden.
☐ Die Methode darf nur den Rückgabetyp `void` haben.
☐ Die Methode muss einen sinnvollen Namen haben.

9. Welchen Effekt hat eine Import-Deklaration?

☐ Die importierende Klasse kann alle privaten Elemente der importierten Klasse verwenden.
☐ Die importierte Klasse wird kopiert.
☐ Die importierte Klasse muss eine export-Deklaration haben.
☐ Die importierende Klasse kann alle öffentlichen Elemente der importierten Klasse ohne Qualifikation verwenden.
☐ Keinen.

10. Sollte ein Import per Wildcard (*) durchgeführt werden?

☐ Ja, da er Schreibarbeit spart.
☐ Nein, da das Geheimnisprinzip verletzt ist.
☐ Ja, da das Programm dadurch schneller wird.
☐ Nein, da die Abhängigkeiten verschleiert werden.
☐ Nein, da das Programm dadurch langsamer wird.

Die Lösungen finden Sie online unter
www.uvk-lucius.de/brueckenkurse

6 Objektorientierte Programmierung

Gegenüber der herkömmlichen, prozeduralen Programmierung, die die Methoden in den Mittelpunkt stellt, stehen bei der objektorientierten Programmierung die Daten (die „Objekte") im Mittelpunkt.

Die objektorientierte Programmierung setzt konsequent auf das Geheimnisprinzip (→ Sichtbarkeit /Gültigkeit).

Klassen und Objekte

Die **Klasse** hat zwei Aspekte:

- Sie kann eigene Daten und Methoden zur Verfügung besitzen – dies sind die *statischen* („static") Eigenschaften einer Klasse.
- Sie ist ein „Bauplan" für Objekte (auch „Instanzen" oder „Exemplare"). Die Klasse beschreibt die Daten und das Verhalten der zukünftigen Objekte – dies sind die *nicht-statischen* („non-static") Eigenschaften einer Klasse.

Die **Daten und Methoden** der Klasse selbst werden definiert durch:

- *Klassenvariablen* in der Form `Modifier* static Typ Variablenname`.
- *Klassenmethoden* in der Form `Modifier* static (Rückgabetyp | void) Methodenname (Parameterliste) { Methodenkörper }`
- Klassenvariablen und -methoden sind für die Klasse selbst und alle ihre Objekte gültig.

Die **Daten und das Verhalten der Objekte** einer Klasse werden definiert durch:

- *Instanzvariablen* in der Form `Modifier* Typ Variablenname`. Instanzvariablen sollten **`private`** sein.
- *Instanzmethoden* in der Form `Modifier* (Rückgabetyp | void) Methodenname (Parameterliste){ Methodenkörper }`.
- Instanzvariablen und -methoden sind nur für die Objekte der Klasse selbst gültig – nicht aber für die Klasse.

Methoden, die ausschließlich zum Lesen oder Schreiben von Variablen dienen, werden *Getter* oder *Setter* genannt.

Das Objekt kann auf sich selbst (als Ganzes) mit dem Schlüsselwort **`this`** zugreifen. Mit **`this`**`.Elementname` kann ein Element des Objekts (z. B. eine Variable oder Methode) durch das Objekt qualifiziert angesprochen werden (z. B. wenn es durch einen Parameter verdeckt ist).

Hinweise:

- Klassen und Objekte sollten immer logisch /fachlich zusammengehörige Elemente zusammenfassen. Funktionen sollten immer dort ausgeführt werden, wo sie auch fachlich angesiedelt sind – ggfs. müssen aufrufende Objekte die Aufrufe delegieren.
- Der direkte Zugriff auf Daten sollte auf keinen Fall möglich sein, der Zugriff über Getter und Setter sollten soweit wie möglich vermieden werden – ein Objekt sollte vor allem fachliche Funktionen zur Verfügung stellen.
- Klassen, die nur Getter und Setter zur Verfügung stellen, sind reine Datencontainer ohne fachliche Funktion.

Eine besondere **Instanzmethode** (mit abweichender Syntax) ist der *Konstruktor*:

- Ein Konstruktor kann ausschließlich bei der Erzeugung eines Objekts verwendet werden.
- Der Konstruktor muss denselben Namen wie die zugehörige Klasse haben und besitzt keinen Rückgabetyp, kann aber Parameter besitzen. Der Konstruktor dient zur Initialisierung des gerade erzeugten Objekts.
- Der Konstruktor kann überladen werden: Es kann mehrere Konstruktoren mit unterschiedlichen Parametern geben.
- Java stellt automatisch für jede Klasse einen parameterlosen Standardkonstruktor zur Verfügung – wird ein eigener Konstruktor realisiert, steht der Standardkonstruktor nicht mehr zur Verfügung.

Ein neues Objekt wird mit Hilfe des Ausdrucks **`new`** *`Konstruktorname(Parameter)`* erzeugt. Der **`new`**-Operator erzeugt das Objekt, der Konstruktor initialisiert es. Das neu erzeugte Objekt ist vom Typ seiner Klasse. Es kann deshalb einer Variablen vom Typ der Klasse zugewiesen werden.

Beispiel zur Deklaration einer Klasse:

```
public class Beispiel{
  private static int n = 0;
  private int wert;

  public Beispiel(int wert){
    n++;
    this.wert = wert;
  }

  public static int anzahlObjekte(){
    return n;
  }

  public int getWert(){
    return wert;
  }

  public void setWert(int wert){
    this.wert = wert;
  }

  public void verdoppeln(){
    wert = wert * 2;
  }
}
```

Beispiel zur Nutzung der Klasse und Erzeugung von Objekten

```
public class Nutzung{

  public static void main
                    (String[] args){
    Beispiel b1 = new Beispiel(5);
    Beispiel b2 = new Beispiel(8);

    b1.verdoppeln();

    System.out.println(b1.getWert());

    System.out.println(
        Beispiel.anzahlObjekte ());
  }
}
```

Klassenvariable
Instanzvariable

Konstruktor:
zählt die erzeugten Instanzen und initialisiert jedes Objekt mit einem Wert.

Klassenmethode: liefert die Anzahl der erzeugten Objekte zurück.

Getter-Instanzmethode: liefert den Wert der Variablen `wert` zurück.

Setter-Instanzmethode: setzt den Wert der Variablen `wert` auf den Wert des übergebenen Parameters.

Instanzmethode: verdoppelt den Wert des Objekts.

Erzeugt zwei neue Objekte vom Typ `Beispiel` und initialisiert sie.

Verdoppelt den Wert des ersten Objekts.

Liest den Wert des ersten Objekts und gibt ihn aus (→ 10).

Liest die Anzahl der erzeugten Objekte und gibt sie aus (→ 2).

Erweiterung/Vererbung

Klassen können durch andere Klassen erweitert werden.

Dieser Mechanismus wird üblicherweise *Vererbung* genannt. In Java wird dies durch das Schlüsselwort **`extends`** angezeigt. **Vererbung** wird in der Form definiert: *`Modifier`* **`class`** *`Klassenname`* **`extends`** *`Oberklassenname`* { *`Klassenkörper`* } Die erbende oder erweiternde Klasse wird *Unterklasse* genannt, die vererbende oder erweiterte Klasse wird *Oberklasse* genannt.

Im Rahmen der Vererbung ist der `default`-Modifier nicht sinnvoll und wird im Folgenden nicht mehr betrachtet.

Eine **Unterklasse** in Java kann immer nur von einer Klasse erben. Eine Unterklasse erbt alle Instanzvariablen und alle nicht-privaten Instanzmethoden der Oberklasse.

Statische Elemente und Konstruktoren werden nicht vererbt.

Unterklassen können neue **Daten** und **Methoden** hinzufügen oder geerbte Methoden überschreiben oder redefinieren:

- Eine Unterklasse kann neue Daten oder Methoden anlegen.
- Eine Unterklasse kann nur auf **`public`**- oder **`protected`**-Daten direkt zugreifen.
- **`private`**-Daten werden für die Unterklasse zwar angelegt, können aber nicht direkt von der Unterklasse verwendet werden. In diesem Fall benötigt die Unterklasse einen **`public`**-/**`protected`**-Getter von der Oberklasse.
- **`public`**-/**`protected`**-Methoden der Oberklasse können durch Methoden mit der gleichen Signatur in der Unterklasse überschrieben werden („Overriding"). Auf die ur-

sprüngliche Methode der Oberklasse kann mit **`super`**.`*Methodenname*(*Parameter*)` zugegriffen werden.

- Konstruktoren werden nicht vererbt, der Konstruktor der Oberklasse kann mit **`super`**`(*Parameter*)` aufgerufen werden – dieser Aufruf muss als erste Anweisung im Konstruktor der Unterklasse stehen.
- Die oberste Klasse ist `Object`. Falls **`extends`** in der Klassendefinition weg gelassen wird, erbt die Klasse automatisch von `Object`.

Hinweise:

- Unterklassen, die gebildet werden, um auf die Daten oder Methoden der Oberklasse geschickt zuzugreifen, sind technisch möglich, sollten aber vermieden werden.
- Unterklassen sollten immer fachlich / logisch spezieller als ihre Oberklassen sein.

Sind Unterklassen eine **Spezialisierung der Oberklassen** sollte es möglich sein, auf den direkten Zugriff von Daten der Oberklassen zu verzichten – dies sollten die fachlichen Methoden der Oberklasse machen.

Unterklassen sollten dann die fachlichen Methoden der Oberklasse redefinieren, die ursprüngliche Methode mit **`super`** aufrufen und dann den speziellen Teil anschließen, wie in dem folgenden

Beispiel:

Oberklasse mit der allgemeinen `fachMethode`

```
public class AllgemeineKlasse {
  private int n;
  ...
  public void fachMethode(){
    n = n* 2;
  }
}
```

Spezielle Unterklasse
`public class SpezielleKlasse extends AllgemeineKlasse { private float x; ...`
Redefinition der `fachMethode`.
`public void fachMethode(){`
Aufruf der ursprünglichen Implementierung.
`super.fachMethode()`
Zusätzliche, spezielle Aktionen.
`x = x / 2; } }`

Abstrakte Klasse und Methoden

Abstrakte Klassen sind Klassen, von denen keine Instanzen erzeugt werden können.

Abstrakte Klassen werden durch den Modifier **`abstract`** gekennzeichnet und werden in der folgenden Form definiert: *`Modifier`* **`abstract class`** `Klassenname {` *`Klassenkörper`* `}`.

Abstrakte Klassen dienen zur Darstellung allgemeiner Sachverhalte, die z. T. noch unvollständig sein können und die dann durch Unterklassen konkretisiert und vervollständigt werden.

Abstrakte Methoden sind Methoden, die keinen Körper haben.

Abstrakte Methoden werden durch den Modifier **`abstract`** gekennzeichnet und werden in der folgenden Form definiert: *`Modifier`* **`abstract`** `(`*`Rückgabetyp`* `|` **`void`**`)` *`Methodenname`* `(`*`Parameterliste`*`);`

Abstrakte Methoden können nur in abstrakten Klassen definiert werden. Ist die Unterklasse einer solchen Klasse nicht abstrakt, müssen alle in der Oberklasse definierten, abstrakten Methoden in dieser Klasse implementiert werden, d. h. es müssen Methoden mit der durch die abstrakte Klasse vorgegebenen Signatur und Rückgabetyp programmiert werden.

Schnittstellen / Interfaces

Interfaces sind Komponenten, die ausschließlich abstrakte Methoden definieren.

Sie werden durch das Schlüsselwort **`interface`** gekennzeichnet und in der folgenden Form definiert *`Modifier`* **`interface`** *`Interfacename`* { *`Methodendeklarationen`* }.

Das Schlüsselwort **`abstract`** für die definierten Methoden ist optional und wird üblicherweise weggelassen. Anders als Klassen können Interfaces von mehreren anderen Interfaces erben.

Klassen können ein Interface *implementieren*. Anders als bei der Vererbung können Klassen auch mehrere Interfaces implementieren. Dies wird durch das Schlüsselwort **`implements`** angezeigt. In diesem Fall muss die implementierende Klasse alle Methoden mit der durch das Interface vorgegebenen Signatur und Rückgabetyp programmieren, wie in dem folgenden, allgemeinen

Beispiel:

```
public interface EinInterface {
  public void fachMethode();
}
public class ImplementierendeKlasse
implements EinInterface {
  public void fachMethode(){
   ...
  }
}
```

Interfaces können, wie Klassen auch, als **Typ zur Variablen- oder Parameterdeklaration** verwendet werden. Objekte einer Klasse, die ein Interface implementieren, können auch einer Variablen vom Typ des Interfaces zugewiesen werden – in diesem Fall sind für die Variable nur die im Interface definierten Methoden gültig.

Interfaces dienen vor allem dazu, auf der einen Seite eine Implementierungsvorgabe zu machen (durch die abstrakten Methoden) und auf der anderen Seite bereits Programmteile zu schreiben, die Objekte von diesem Interface-Typ nutzen. Dieses Vorgehen wird oft „Design by Contract" (Bertrand Meyer, 1986) genannt: das Interface stellt einen Vertrag dar, gegen den programmiert wird.

Polymorphismus

Polymorphismus in objektorientierten Programmiersprachen bedeutet, dass ein Objekt nicht unbedingt unter seinem eigenen Typ auftreten muss, sondern auch als ein anderer Typ auftreten kann.

In Java kann das der Typ eines implementierten Interfaces oder einer Oberklasse sein. In diesen Fällen wird das Objekt einer Variablen zugewiesen oder an einen Parameter gebunden, der nicht gleich dem Objekttyp ist, sondern eine Oberklasse oder ein implementiertes Interface des Objekts ist, wie in dem folgenden

Beispiel:

`public class Klasse implements EinInterface extends EineOberklasse{ ...}`	
`EinInterface k1 = new Klasse();`	Das Objekt vom Typ `Klasse` tritt als `EinInterface` auf.
`EineOberklasse k2 = new Klasse();`	Das Objekt vom Typ `Klasse` tritt als `EineOberklasse` auf.

Polymorphismus erlaubt die **Programmierung eines allgemeinen Verhaltens** (z. B. auf Basis eines Interfaces), das dann von konkreten oder implementierenden Klassen genutzt wird – diese Klassen müssen zur Zeit der Formulierung des allgemeinen Verhaltens noch nicht bekannt sein.

Verständnisfragen

Haben Sie alles verstanden? Mit den folgenden Fragen können Sie das Gelernte schnell prüfen:

1. Welche der folgenden Variablendeklarationen ist korrekt?

☐ `private static zahl int;`
☐ `public static int zahl;`
☐ `protected zahl int;`
☐ `private zahl;`
☐ `int zahl;`

2. Welche der folgenden Methodendeklarationen ist korrekt?

☐ `private int getNull(){ return 0; )`
☐ `public getEins():int { return 1; )`
☐ `public final int getZwei(){ return 2; )`
☐ `public private int getDrei(){ return 3; )`
☐ `static int getVier(){ return 4; )`

3. Was ist ein Getter?

☐ Methode zum Setzen des Wertes einer Variablen
☐ Methode zum Lesen des Wertes einer Variablen
☐ Zugriffsmethode zum Lesen und Setzen einer Variablen

4. Wie lautet das Java-Schlüsselwort für die Deklaration der Vererbung (von einer Klasse)?

☐ `inherits`
☐ `extends`
☐ `extension`
☐ `includes`
☐ `uses`

5. Was ist das Java-Schlüsselwort für die Deklaration einer abstrakten Klasse oder Methode?

☐ `abstrakt`
☐ `abstract`
☐ `abstraction`
☐ `abstracted`

6. Was sind die Merkmale einer abstrakten Klasse?

☐ Es können keine Instanzen davon erzeugt werden.
☐ Sie muss vollständig implementiert werden.
☐ Sie enthält nur abstrakte Methoden.
☐ Sie enthält nur Klassenvariablen.
☐ Sie enthält nur Instanzvariablen.

7. Welche der folgenden Interfacedeklarationen ist korrekt?

☐ `abstract interface I1{ public int m1(); )`
☐ `public interface I2{ public int m2(); )`
☐ `public interface class I3{ public int m3(); )`
☐ `public class as interface I4{ public int m4(); )`
☐ `public interface I5 extends I2{ public int m5(); )`

8. Wie ist die Beziehung zwischen Klasse und Schnittstelle?

☐ Die Schnittstelle definiert alle Methoden der Klasse.
☐ Die Schnittstelle implementiert die Klasse.
☐ Die Klasse implementiert die Schnittstelle.
☐ Die Klasse definiert alle Methoden der Schnittstelle.

9. Was sind Eigenschaften einer statischen Methode?

- ☐ Sie kann nur von der Klasse ausgeführt werden.
- ☐ Sie darf nicht private sein.
- ☐ Sie ist der Klasse zugeordnet.
- ☐ Sie kann von Klassen und Objekten ausgeführt werden.
- ☐ Sie kann nicht von Objekten ausgeführt werden.

10. Was ist ein Setter?

- ☐ Methode zum Setzen des Wertes einer Variablen
- ☐ Methode zum Lesen des Wertes einer Variablen
- ☐ Zugriffsmethode zum Lesen und Setzen einer Variablen

11. Welche der folgenden Anweisungen nutzt Polymorphismus?

- ☐ `Integer i = 10;`
- ☐ `int i = (int)10.5;`
- ☐ `Object o = "abc";`
- ☐ `String s = "a".trim();`
- ☐ `Collection c = new ArrayList();`

12. Welches sind Best Practices der objektorientierten Programmierung?

- ☐ Variablen als public deklarieren
- ☐ Fachlich arbeiten
- ☐ Speicherbedarf reduzieren.
- ☐ Verwendung genereller Eigenschaften
- ☐ Konsequente Delegation

13. Welche der folgenden Methoden sind korrekte Konstruktoren der folgenden Klasse `public class K{`

```
 private int n, m;
}
```

- ☐ `public void K(int n){ this.n = n; }`
- ☐ `public K(int n){ this.n = n; }`
- ☐ `public k(int n){ this.n = n; }`
- ☐ `public K new(int n){ this.n = n; }`
- ☐ `public K(){ this.n = 10; }`

14. Was ist die Aufgabe des Konstruktors?

- ☐ Speicherung eines neu erzeugten Objekts.
- ☐ Initialisierung der Klasse.
- ☐ Bereitstellung von Speicherplatz.
- ☐ Initialisierung eines neu erzeugten Objekts
- ☐ Erzeugung eines neuen Objekts.

15. Was ist das Ziel der Delegation?

- ☐ Die Aufgaben werden von dem Objekt ausgeführt, das als letztes erzeugt wurde.
- ☐ Die Aufgaben werden von dem Objekt ausgeführt, das die dazu notwendigen Daten besitzt.
- ☐ Die Aufgaben werden von dem Objekt ausgeführt, das als erstes erzeugt wurde.
- ☐ Die Aufgaben werden möglichst schnell ausgeführt.
- ☐ Die Aufgaben werden vom Java-Laufzeitsystem ausgeführt.

Die Lösungen finden Sie online unter www.uvk-lucius.de/brueckenkurse

7 Ausnahmen / Exceptions

Die Klasse der Exception ist bereits in Java vordefiniert und sie erlaubt eine integrierte Ausnahmebehandlung für Anwendungen.

Es gibt **2 Arten von Fehlerklassen**:

- **Error:** (schwerwiegende) Fehler, die nicht von der Anwendung selbst aufgefangen und behandelt werden können. Das Programm bricht ab, z. B. OutOfMemoryError, tritt auf, falls die JVM nicht mehr über ausreichend Hauptspeicher verfügt.
- **Exception:** Fehler, die zur Laufzeit des Programms behoben werden können z. B. ein fehlerhafter Zugriff auf die Ein- oder Ausgabe (IOException), die Datenbank oder das Netzwerk. Ein Entwickler kann eine Exception „auffangen", ggfs. Maßnahmen durchführen und das Programm fortsetzen. Falls eine Exception nicht aufgefangen wird, bricht das Programm ab. Bei den Exceptions gibt es Unterarten: Ausnahmen die behandelt werden *müssen* (z. B. die IOException) und andere (die sog. RuntimeExceptions), die abgefangen werden *können*.

Exceptions können entweder

- mit einem try-catch-Block abgefangen und bearbeitet werden oder
- mit dem throws-Konstrukt weiter delegiert werden. Mit der Konsequenz, dass sie eventuell nirgendwo aufgefangen wird. In diesem Fall stoppt die Anwendung.

Der **try-catch-Block** besteht aus 3 Teilen, von denen die beiden ersten verpflichtend sind:

- **`try`**: alle Anweisungen bei denen prinzipiell die Exceptions aufgefangen werden sollen, müssen sich innerhalb der geschweiften Klammern des try-Blocks befinden
- **`catch`**: alle Exceptions, die aufgefangen werden sollten, müssen explizit aufgeführt werden
- **`finally`**: ist optional, wird aber bei Vorhandensein in jedem Fall ausgeführt, selbst dann wenn keine Exception geworfen wird.

Syntaktisch ist das try-catch-Konstrukt folgendermaßen aufgebaut:

```
try{
  Anweisungen
}catch (Ausnahmeklasse e1){
  Anweisungen zur Fehlerbehandlung
}catch (Ausnahmeklasse e2){
  Anweisungen zur Fehlerbehandlung
}
...
finally{
  Anweisungen zur letzten Fehlerbehandlung
}
```

Beispiel für eine Fehlerbehandlung:

	Die Exception-Fehlerbehandlung

`try {`
`  int[] x = new int[1];`
`  x[1] = 10;`
`}`
	Java-Code (..) wird von try-Block eingeschlossen

`catch (RuntimeException e){`
`  e.printStackTrace();`
`}`
	Es wird die Ursache des Fehlers ausgegeben, das Programm läuft danach weiter.

Wird eine Ausnahme nicht behandelt, sondern nur **delegiert**, so wird das im Kopf einer Methode mit **`throws`** *`Ausnahmeklasse`* angezeigt, z. B.

```
public void m() throws IOException{
  ... // Code, der eine IOException auslösen
       kann
}
```

Verständnisfragen

Haben Sie alles verstanden? Mit den folgenden Fragen können Sie das Gelernte schnell prüfen:

1. Warum ist eine Fehlerbehandlung sinnvoll?

☐ Um die Anwendung sofort zu stoppen.
☐ Um den Benutzer zu verunsichern.
☐ Um den Benutzer zu informieren.
☐ Um den Fehler zu berücksichtigen und eventuell korrigieren zu können.
☐ Um den Fehler an andere Programme weiterzuleiten.

2. Was ist ein Error?

☐ ein zu behebender Fehler
☐ ein nicht zu behebender Fehler
☐ eine Fehlernachricht der JVM
☐ eine eigene Fehlerklasse

3. Was ist eine Exception?

☐ ein zu behebender Fehler
☐ ein nicht zu behebender Fehler
☐ eine Fehlernachricht der JVM
☐ eine eigene Fehlerklasse

4. **Mit welchen zwei Konstrukten können Exceptions verarbeitet werden?**

☐ `try`
☐ `try-catch`
☐ `catch`
☐ `throws`
☐ `ignore`

5. **Mit welcher Kombination von Schlüsselwortern wird eine Exception aufgefangen?**

☐ `try - throws`
☐ `try - get`
☐ `throws - catch`
☐ `throws - get`
☐ `try - catch`

6. **Wie lautet das Schüssewort, so dass die Bearbeitung einer Exception an die aufrufende Methode delegiert werden?**

☐ `try`
☐ `get`
☐ `catch`
☐ `throws`
☐ `pass`

7. **Was ist die Aufgabe des try-Blocks?**

☐ Die Fallunterscheidung, in Abhängigkeit von den Exceptions, zu treffen.
☐ Den kritischen Java-Code einzuklammern.
☐ Auf die Exception zu zugreifen.
☐ Die Exception anzuzeigen.

8. Was ist die Aufgabe des catch-Teils?

☐ Die Fallunterscheidung, in Abhängigkeit von den Exceptions, zu treffen.
☐ Den kritischen Java-Code einzuklammern.
☐ Java-Code auszuführen, der auf den Fehler reagiert und ihn eventuell korrigiert.
☐ Die Exception weiterzuleiten.

9. Wo wird die Delegation bzw. Weiterleitung der Exception angezeigt?

☐ Im Paket.
☐ In der Klasse.
☐ In der Methode.
☐ In geschweiften Klammern.

10. Welche Konsequenzen hat das Schlüsselwort finally?

☐ Es ist notwendig und verpflichtend.
☐ Es ist optional.
☐ Der dadurch aufgerufene Java-Code wird als letztes ausgeführt.
☐ Die Exception wird beendet.

Die Lösungen finden Sie online unter www.uvk-lucius.de/brueckenkurse